ど真ん中を歩けば
引きこもりは消える

令和のヤマトタケルらに捧げる地図

佐藤康則

まえがき

日本にはすでに「引きこもり」とされている人が、１１０万人を超えています。その原因は、何でしょうか？　また、全て解決することは、出来るのでしょうか？　また出来るとすれば、それはいつまでに解決させることが可能なのでしょうか？　そして、新たな引きこもりが生まれないようにするには、どうすればいいのでしょうか？

この問題の根をみんなで共有し、国全体として、何か有効な手立てを打っていかなければ、引きこもりの数は、ますます増えていくのだろうと思います。

福祉の領域や、国の引きこもり政策の中で、直接の支援をしている方が、全国にはたくさんいらっしゃいます。それは、必要な支援です。

そうしたサポート無くして、苦しんでいる本人を、社会へ戻し、自立した生活を送らせることは困難ですが、その個別の努力だけでは、１００万人に膨らんでしまった「引きこもり」の全てをなくしてしまうことが、出来ないように思えます。もっと大きな視野で、この問題を把握し、解消していくためのグランドデザインを描くことも、一方で、とても大切なことではないでしょうか？

私は、自身のカウンセリングという仕事を通じ、多くの方の人生に触れ、おそらく、このような職業でなければ理解し得なかっただろう「人間」というものを学んできました。

そして、そこから導かれた「発見」を用いて、「令和の日本」のことを、よく考えるようになりました。

本書は、私のチャレンジです。常識に囚われることなく、また常識から外れることなく、どなたでも理解できるような言葉で、「引きこもりが日本から一人もいなくなるための地図」を描ければいいなと思います。

どうぞ最後までおつきあいください。

目次

まえがき 1
引きこもりが生まれる原因 5
時代の変遷と仮説① 11
時代の変遷と仮説② 17
時代の変遷と仮説③ 21
ＨＳＰ（ハイリーセンシティブパーソン） 31
宗教があるようでないような日本 34
武士道精神 37
これからの日本 42
これからの教育① 47
これからの教育② 54
これからの教育③ 57
これからの教育④ 60
令和に生きる 67
カウンセリング 74
あとがき 78

引きこもりが生まれる原因

まずは、「引きこもり」に陥ってしまう原因について書きたいと思います。

「引きこもり」に陥ってしまう原因のそのほとんどは、「両親との関係性」に発見することができます。

「両親のいない家の子供は？」などの、反論や質問を受けそうですが、それも言い換えれば、「両親との関係性」と言えます。つまり「関係が悪かったのか」、「関係がもてなかったのか」（両親がいなかった）のかの違いだけです。結論から述べれば、親子の間に「十分で適切な愛」が注がれていれば、引きこもり問題は、日本からなくすことが出来るだろうと、私は考えています。

このようなことを話せば、「私は子供を愛しているし、精一杯やってきた。でも、うちの子供は引きこもっている。あなたの見解は間違っている」と、お怒りの声を受けるのは当然のことかと思います。それはそうです。「子供が嫌いで、全く愛していない」と答える方はほとんどいないでしょうから。

ですが、私がカウンセリングを通して、多くの方の躓《つまづ》きや、悩みや、その「家庭独特な価値観」に触れる経験を重ねてきての話だと、感情ではなく、あなたの理性で、まずは話を受け止めて欲しいと思います。

「愛」はあった、しかしそれは「適切な愛」ではなかったかもしれない、ということです。

ここで話す「適切な愛」とは、それぞれの「適切な価値観」だと言い換えることができます。価値観となれば、そこには、適切や正しい、不適切な、間違っている、歪んでいる、尖っている、などの形容詞をつけることができます。そして、そのご両親が抱えている価値観は、家庭毎に、千差万別なのです。その全てが違うのです。

良い関係を築ける価値観であったのならば、冒頭に述べたようにそれは「親子関係の良さ」に繋がりますし、反対に悪い関係を築くような歪んだ価値観であったならば、「親子関係の悪さ」に繋がります。

ここで述べたいことは、引きこもり問題とは、親と子の関係性の問題であって、決して、子供だけに焦点を当てる問題ではない、ということです。だから、本来は、引きこもってしまった本人にだけ直接アプローチするよりも、まずは、そのご両親との話し合いから問題解消へ向けたプロセスを踏むのが、最善なことだと考えます。つまり、両親から、先にカウンセリングを施し、家庭に流れる価値観を把握することが、ベターだとお伝えしたいのです。

その父親がどのような家庭で育ち、どのような価値観を持って生きているのか？　また、母親がどのような家庭で育ち、そしてどのような価値観を持って生きているのか？　を把握することで、引きこもっている本人への理解が進みます。前もっての理解があれば、こちら側の助言が、的を射やすく、本人との間に誤解が生じることが少なくなります。

引きこもりは、18歳以上の大人と定義されていますが、元を辿れば全員が、少年や少女でした。学校生活や、会社での生活（いじめや嫌がらせ、学業や仕事での躓き、パワハラなど）が引き金となって、引きこもってしまいますが、そこに至るまでには、それぞれが、長い子供時代を過ごしています。みなさん突然引きこもるわけではありません。どんな物事もそうですが、必ず小さな原因が積み重なって、大きな物事が起こります。ですから、繰り返しになりますが、引きこもってしまった直接の原因は、生まれてからずっと続いている両親との家庭生活の中に、そのほとんどの理由が存在しています。


もう少し噛み砕いて話してみますね。例え話です。イメージしてみてください。

夫婦が不仲だと、心の優しい子供は、自分のことを責めてしまいます。お父さんもお母さんも、大好きでしょうがないのが子供です。その二人の喧嘩の原因を、小さい子供には、聞くことも、発見することも、理解することもできません。いつしか、自分の前で繰りひろげられる、時に大きな喧嘩や、時に小さな口論が、「私がここにいるから起きているのだ」と自分のことを疑うようになっていきます。だから、両親の些細な口論が起きるたびに、いつも小さな彼女は、自分の心を傷つけてしまいます。

（私が、昨日あんなことをしたから、パパとママは、喧嘩してる）

（ママ、大好きなパパの文句を言わないで）
（お母さんが泣いている）
（ママが怖い顔をしている）
（私が生まれてきたから、いつも二人は仲が悪いんだ）

こうして彼女のハートには、小さなトゲが、たくさん刺さり続けます。やがて中学に入り、学校で友達のいじめにあったり、また就業して、会社で何か失敗をしてしまい、上司の怒りの矛先や、同僚の冷ややかな視線が彼女に向かうようなことが起きてしまうと、もともとずっと傷だらけだった彼女のハートに、「どとめ」が刺されていきます。

「もう動けないよ。もう歩けないよ……」

おそらく、彼女は精神科や、心療内科に通うようになるでしょう。そして、先生によっては、抗うつ剤などの薬を処方されることになるかもしれません。緊急事態ならば、それは、必要な処置だと言えるのかもしれません。ですが、彼女にとって本当に必要なことは、薬を長く処方することのないように心の治療の早い段階で、心に刺さっているトゲが何であるかを正確に掴ませることです。そして、「自分が悪かった」という思いを拭い去らせることです。つまり「癒し」を起こすことです。

日本に、心療内科の数は少しずつ増えてはいますが、全ての先生が、正しく原因を掴み、治療やアドバイスを行えるかといえば、そうではないと思います。どんな世界でも、名人と凡人が生まれるのが当たり前のことです。

薬は、あくまで対症療法です。また、過度の薬は、減薬や断薬にたいへんな辛抱を強いられますし、依存するようになると、結果として人生を台無しにしてしまうような事態も考えられます。だから、良い先生を選ぶことは、とても大切なことです。

先生は皆さん、一生懸命考えて、患者のためにご尽力なさっている方ばかりですから、信じてみようと思うのが、真っ当な人間の情です。しかし、日本人のいい面でもあり、また悪い面でもあるのですが、あまり「疑う」ということをしません。つまり、正しく疑問を持つことが、悪いことだと思っている方も多く見受けられます。

「この先生の言うことは正しいのだろうか?」

そういった視点を、ご家族を含めた患者の側が持っていれば、日本全体の心の領域を扱う先生のレベルも上がっていくのではないのでしょうか? それは、先生たちにとっても長い目で見れば、業界全体のレベルアップ、ひいては日本人の健全な心に貢献し、国民の信頼を勝ち得ることにつながっていきますよね。

外科の世界では広まってきましたが、当然、心療内科でも、セカンドオピニオンを積極的に求めてもいいと思います。良い先生をきちんと選ぶことで、いたずらに長く苦しむ必要がなくなる可能性があることを、もっと私たちは知っていく必要があるかと思います。

話が少し逸れてしまいましたが、この章のまとめをしたいと思います。

子供が不登校、そして引きこもりになるのは、「両親の不適切な価値観」に、その原因の多くがあるということ。

それを解決するためには、引きこもってしまった本人へのアプローチだけではなく、ご両親共に「適切な価値観」を身につけるためのカウンセリングを受けたり、学んだりする必要性があるということ。

そして、その事実を、直接支援している関係者ばかりではなく、国民も広く知る必要があり、そうした国民意識のより良い変化を醸成することによって、救われる家庭は、確実に増えていく可能性は高いということ。

「引きこもり」の解消は、本人に、家から出てきてもらうことだけが目的ではありません。その本人が自立して、そして幸せな社会生活が送れるようになってもらうことです。そして、それは疲れていたご両親、心配していた兄弟姉妹、またご親戚の方々の全てに、喜びと幸せをもたらします。

これ以上、この日本に「不幸」が増えることがないように、打てる手が一つでもあれば、迅速に打ったほうが良いのです。

時代の変遷と仮説①

前章では「引きこもり」が生まれる原因が、親子関係にあると述べました。

ここで一つ疑問も生まれますね。私は１９７４年生まれです。私の世代は、第２次ベビーブームと呼ばれた最も子供が多かった時代です。ですが私の記憶では、不登校児は学年に一人もいなかったと記憶しています。子育てに関する知識は、むしろ今よりも、当時の方が少なかったのではないでしょうか？　そうであるなら、必然、あの時代も、今の社会同様に、たくさんの不登校児が、生まれてもおかしくはありませんが、そうはなりませんでした。

文部科学省の出しているデータから不登校児数の推移を調べると、平成10年（１９９８年）からの統計になりますが、当時の不登校児はおよそ12万人です。そこから横ばい状態が続いて、平成23年（２０１１年）辺りから微増を始め、平成28年（２０１６年）には、統計上初めて13万人を超えて、令和元年（２０１９年）には、18万人という人数に到達しました。データによると、不登校に関しては、ここ10年間の変化が大きいようですね。

なぜでしょうか？　なぜ当時は、不登校児が少なかったのでしょうか？　どのような変化があって、今のような事態に陥ってしまったのでしょうか？

結論からいいますと、専門家の書籍をあれこれと拝読しましたが、よく掴めていないのが現状かと思います。

核家族化による大家族の崩壊（祖父祖母との別居、また兄弟姉妹の人数の減少）、それに伴うご近所付き合いの崩壊が、その原因に挙げられることも多いですが、核家族自体は、国が調査を開始した１９７０年からずっと変わっていません。全世帯数の約65％です。そのデータを踏まえると、つまり核家族が増えたから、子供の不登校が増えたとはいえなくなってしまいます。

「よくわかっていない」とも言っていられない状況なので、この時代を、子供時代から今に至るまで、実際に自分の目でみながら過ごしてきた経験をもとに、原因として考えられる仮説を、いくつか立ててみたいと思います。「よく掴めていない」というのは、様々な原因が、複雑に絡み合っているからですよね、きっと。


まずは、一つ目の仮説についてです。

私の子供時代は、とてもゆっくり時間が流れていたような印象があります。それは、小学校に入っても、中学校に入っても、高校に入っても、まったく変わらなかった記憶です。

小学校や中学校では、昨日見たテレビのコメディアンの話や、流行のドラマの話で、いつも盛り上がっていました。みんなが、同じ歌手の歌を口ずさみ、同じコメディアンを愛し、同級生は、部活やサークルに明け暮れ、高校進学を目指していました。高校に行かない人は、街一番の不良と呼ばれているような荒くれ者だけで、クラスの全員が、希望通りとはいかないまでも、いずれかの高校に入学していきました。

つまり、なんというか、この日本で生きるということが、どこか、同じ価値観で結ばれていたように思います。言い換えれば、価値観が多様化していなかった。子供のバックグラウンド（親の価値観、ゲームやテレビの話、好きなアイドル歌手、好きなスポーツ）が、どこかみんな似ていて、共通の話題を、いつも持っていました。これは、「つながっていた」と表現できると思います。よくも悪くも、みんなが似たような価値観でつながって生きていたのだと思います。

そのような、つながっているような感覚は、今現在（２０２１年ですが）ほぼ完全になくなってしまったなあと感じています。あの時代にあって、今の時代にないものは、頭を絞って考えてみると、そこが決定的に違うなあ、と思います。

私と同世代の人なら、このことを経験してきているだけに、「そうだよね。そういう感じだったよ」と、納得してもらえると思います。今の時代は、会社で会話しても、お客さんと話しても、家族と話しても、久しぶりに会った同級生と話しても、「共通の話題」を見つけることがとっても難しいですよね。

１時間話しても、お互いが興味を持つことができる話題を見つけることができないということが、日常の中でどんどん増えています。皆さんは、どう思われますか？　音楽のジャンルも、ゲームのことも、アプリのことも、食べ物も、ファッションも、趣味も、もうバラバラです。

それだけ価値観が、多様化してしまったということですが、原因は、やっぱりWindowsが、１９９５年に出てからだと思います。ちょうど私が、大学に通っている時になります。それが、あれよ、あれよという間に普及していきました。

インターネットが、とても快適に使えるようになると、今度は２００８年にiPhoneが発売になり、誰もが、外出先でも、気軽にインターネットにつながれるようになりました。これはもう、時代を変える決定打だったと、今振り返ると私個人としてはそう思います。

みんなが、物理的に、世界のどこにいてもつながっている。例えば、スキー場の山の中だろうが、キャンプ場だろうが、外国に行っていようが、電波をキャッチ出来る場所ならば、電話番号をクリックすればすぐ話せるし、メールアドレスをクリックすれば、すぐコミュニケーションが取れるようになりました。

「写真がすぐにサクサク送れる」当時はそれだけで嬉しくて、旅行に出かければ、そこからご自慢の写真を送ったものです。もらう方は、もちろん冷めてはいたのでしょうが……

冗談はさておき、物理的に繋がれば繋がるほど、心の距離は、離れて行く時代に突入していきました。（私はそう思います）

誰もが、自分だけが好きなものを調べ、自分だけが好きなものを購入し、自分だけが好きなゲームをし、自分だけの趣味を深め、好きなものだらけで、余暇を過ごせるようになり始め、さらには、YouTubeの普及です。

２０１９年のデータでは、毎分５００時間の動画が世界中で、アップロードされているようです。しかもそれは世界に配信されます。すごい時代ですね。これは、大袈裟に言えば、毎分５００時間分のバラバラの価値観（表現）が生まれているということです。

そしてさらに、それを観た人と、観ない人の間には、同じ話題を共有していないという隙間が生まれます。大袈裟かもしれませんが、毎分５００時間分、人の心に、距離が生まれる可能性が高まっているともいえるのかもしれません。

心の距離は、このような感じで離れていったのだろうなあと、大雑把ですが私は疑っています。これは別に悪いことではありません。食べるものに困らず、自分の心の赴くままに、娯楽で（好きな映像を楽しんだりして）余暇を楽しむことができるということは、人類が、長い時代を経て、また、血を流して獲得してきたものだからです。だから、いい時代に生まれたなあと思います。人類史にとって、プラスのインパクトは本当に大きい。


でも一方で、心の距離がどんどん離れてしまい、横にはいるけど携帯を眺め、同じ話題で興奮してお話ししたりすることや、馬鹿笑いすることも減り、どこか「バラバラ」で生きている。そして、「バラバラ」であることに、とってもデリケートで弱い子供たちが、言葉にできない寂しさを抱えて生きているのかもしれないのが、今の時代の日本だと感じてしまいます。いや、世界中そうなのかもしれませんね。

それが、不登校や引きこもりなどの、一つの大きな遠因になっているのかもしれないと私は感じます。だからつまり、ＩＴによる物理的な繋がりが、人類史にとってかつてないほど、心の繋がりへ、マイナスの影響を与えてしまっているのかもしれないということです。

もうちょっと目線を変えて、これらのことを眺めてみると、スマートフォンが、日常の生活のあらゆる面にわたり、一人で済ませることを可能にしてくれました。

本当に、すべてを自分一人で、済ませることができるのです。ちょっと前までは、情報を取るのに、誰かを頼ったわけです。何をするにも、何を買うにも、どこにいくにも、お店を知るにも、あの人がどんな人かを知るのにも。

何でも一人で済ませることができるようになると、どうなるのか？　結局、自分一人で生きているような錯覚に陥っていきますよね。だって、なんでも一人済みますから。もう人づての情報を、あまり必要としないということですから（本当に有用な情報は、けっこう実地に経験した人が持っていますけれど）、相手との繋がりに、感謝することの少ない時代とも言えるわけです。

「地域」という呼び名は残っていますが、それはもう血の通った「地域」ではなく、自分にとっては、ただ選ぶか選ばないかの、必要か必要ではないかの「点」（公共機関やレストランやお店など）の寄せ集めです。そこで満足できなければ、ネットで全国の「点」を探せば事足ります。（みんながそうだということではありません）

このような個人主義を通り越した、それぞれみんなバラバラだという感覚が、昔と大きく変わってしまったもので、それが、引きこもりや不登校児を生んでいる環境の変化ではないか？　というのが仮説の一つ目です。

時代の変遷と仮説②

それでは二つ目の仮説に移ります。

昔と今とでは、何が変わってしまったのか？　それは、「一人一人の心に余裕がなくなってしまっている」ということだと考えています。

私は、事務用品や、事務機器を販売する会社の経営もしています。一つ例を挙げてみたいと思います。当時のビジネスの現場と今とでは、何が変わってしまったのか？入社は２０００年です。その

色々変化していますが、大きく変わったことは、物流システムが飛躍的に良くなって、「卸し」という機能が崩壊してしまったことです。言い方を換えれば、私たちのような小売店も、そして購入していただけるお客様も、必要なものを必要な単位（小ロット）で購入できるようになったということです。

私たちのような小売店は、ボールペンをお客様に（主に一般企業や市役所などの官庁です）届けるのに、２０００年頃までは、まだ10本とか、12本という箱単位で販売していました。しかも、受注してお届けするまでに、１週間とかの納期をいただいていたことを記憶しています。しかし今では、１本で受注し、そのまま１本で配達（販売）しています。

イメージを共有していただきたいので書いてみますが、お客様が、会社内で、一日に２本のボールペンの消費があるとすると、書けなくなったボールペンを補充するのに、月曜から金曜日までそ

の都度毎日ボールペンを2本ずつ発注し、私たち小売店は、その都度2本ずつ届けているという感じです。

しかし2000年頃の記憶では、週に1回だけ注文書をいただいて、10本をまとめて届けて済んでいました。これですと、本数は変わっていませんので、動く金額は変わりませんが、売り手も、買い手側も、仕事量が格段に少なく済んでいたのです。

ですが、購入する側の企業はリスクを取りたがらないので、どうせなくなるとわかっている物でも、自分のところに在庫を抱えるというリスクを避けます。たとえ自社の事務員が、毎日1回の発注書を書いて、上司に確認をもらい、そして、メールやファックスするという仕事が増えたとしても、そちらを選択します。

本当に、現場に細かい仕事が増えたなあと実感しています。一日中、そうした仕事に追われている毎日ですね。これでは一日に何時間あっても足りません。いつも時間に追われ、せかせか過ごしています。


少し話を付け加えますが、バブルがはじけた後の、長い景気低迷時に、企業は生き残りをかけ、価格を含めたあらゆる競争をしてきています。結果、納期短縮もその一つの大きな戦略となり、いつの間にか「明日までに」商品を届ける（受け取る）のが、当たり前のような世の中になってしまっています。毎日、発注や受注の締め切りの時間に、日々追われるようになりました。（運送業界の大変さは、こうしたところからも生まれてきました）

そうなってくると、周囲の同僚と馬鹿話をするよりも、真面目な人ほど、目の前のパソコンから目を離すことはないのだと思います。

売り上げ自体が変わらずに、仕事量だけが、年々、増え続けているのが今の日本のビジネスの現場です。「売り上げが上がらない仕事」だけが増えている状態では、新しく人を増やすわけにもいかないので、みんなが疲れてしまいます。

先ほども少し触れましたが、これまで物流にはある程度の時間が必要でした。東京にあるボールペンを地方に運ぶのに、沢山の人の手を経て、数日をかけて届いていたのですが、それが、倉庫のＩＴ化、ネット環境システムの普及、ソフトの開発、機器の進化などによって、翌日にはどんなに遠い場所からの注文であっても、あっという間に出荷できるようになっています。

一つの例として挙げましたが、このようなことが、日本全国のビジネスの現場で起こっているのではないのでしょうか？　パソコンの普及や、技術革新がもたらしたマイナスの側面は、スピード化する仕事、ますます細かくなっていく仕事、そして仕事量が増えても人の補充ができないことだと思います。

こうしたことは、民間のビジネスの現場だけではなく、公共機関、公教育、病院など、スピードとは程遠かった場所でも起きているのだと思います。

（例えば役所などに、ＩＴの普及により、匿名でクレームを簡単に入れることが出来るようになりました。実際増えているのではないでしょうか？　クレームを受けたほうは大変ですね。「対策」ということで、手間のかかるような細かい書類も、どんどん増えていっているのではないでしょうか？無駄で余計な仕事も、あれよあれよと増えたなあと思いませんか？）

２０００年ごろまでは、流れの緩やかな大きな川を、どんぶらこぉ、どんぶらこぉと、大きな船でゆっくりと下っていたのに、気づかぬうちに、いつの間にか激しい急流を、小さな舟に乗って下っているような時代なのだと思います。

だからみんな苦しい。急流に落ちないように必死です。心の余裕のない大人が増え続けている。それは取りも直さず、お互いを支え合うことができない、余白のない社会です。心の余裕を失えば、夫婦の間、そして、子供との間にも大きなすれ違いを生んでしまいます。

毎日が息苦しく、目まぐるしい。これも、引きこもりが増えることにつながってしまっている環境の変化だと考えています。

時代の変遷と仮説③

最後にもう一つの仮説を立ててみます。

あの頃と比べて、大きく変わったこと思う点は、多くの人が、未来に対する暗さを抱えて過ごしているようなところだと思います。いつも心は晴れやかだとは、とっても言えないようなことが続いていますね。

私が社会人になって経験してきたことを、また少しお話しします。小泉政権が生まれた２００１年に、ちょうど私は営業になりました。その頃は、バブルがはじけ10年ほど経っていましたが、景気低迷は続き、全国の中小零細企業は、みんな苦しんでいました。そんな時に、営業を始めましたから、多くの人から「今は最悪だ」や「あの頃はもっと儲かった」や「全然給料も上がらない」や「あの会社は倒産するんじゃないか？　大丈夫か？」など、そんな話ばかりをたくさん耳にしていましたが、それでものほほんとやっていました。

しかし、大きな転機がありました。全国の各自治体が取り組んだ「事業仕分け」の中で、県が公共事業をはじめとする支出をみるみるうちに縮小していったことです。地元で営業する私の記憶では、不景気とはいえ、それまでは豊かに予算があり、道路建設などの工事を大規模に行い、また公共の建物を建てたりして、それにまつわる物品やサービスを、地元の業者に発注していましたが、数年間で大幅に減らしていきました。また、発注時における不必要な価格競争も強いるようになっていきます。

この改革は２００２年、少数の地方自治体から始まったようですが、２００９年からは、民主党政権に受け継がれ、官僚政治が否定され、政治主導が称賛され、多くの大切な国の事業費をも削ってしまう失政に繋がっていきました。

私自身は、地方経済の一線に身を置き続けて、地元に発注を通じて落とされるお金の流れや、公共事業費に頼る地元の中小零細企業の浮き沈みを眺めてきたので、いろいろ考えさせられることが多かったです。地方経済の実態は、役所から地元へのお金（発注）がないと立ち行かなくなるほど、多くの企業がそこから収入を得ています。だからこの時は、多くの地元企業が、リストラや業態転換を模索していました。それくらい、かなり大きなインパクトだったのです。

個人的な意見ですが、誰もが社会がどうもおかしな方向へ「変質」しているかもしれないと、気付き始めたのはこの頃ではなかったでしょうか？

政権交代に至るまでには、ネットショッピングの台頭による価格破壊時代（大競争時代）の到来があり、またバブル崩壊後には派遣法の改正が続き、派遣労働者を、国が押し進めていきました。それから、勝ち組や負け組という言葉が、頻繁に使われだしたのも２０００年を過ぎた頃です。私の周りの会社では、社員旅行などの、社内レクリエーションの廃止がどんどん増えていきました。（小さなことのように思われるかもしれませんが、ある社長さんが、社内でアンケートを取り、月１

０００円のレクリエーションのための社員積立を止めたという話を聞いたときは、なぜか凄くショックだったことを覚えています）

そしてまたこの頃は、ＩＴによる情報漏洩のニュースが続き、企業のコンプライアンスに対する取り組みが強化され、実際に、弊社に出入りしている大手の企業ほど、何をするにも細かい規定で動くようになり、そこまで本当に必要なのかなあと思った記憶が鮮明にあります。

暫くすると今度はブラック企業、ホワイト企業という言葉が耳に入るようになっていきました。企業の違法行為などが、週刊誌などで大きく取り沙汰され、あの企業はブラックだとか、ホワイトだとか、本当に大騒ぎでした。その後は、匿名の書き込みや、暴露などがエスカレートし続け、残業、早出、セクハラ、パワハラ、モラハラと、その対象はどんどん広がり続けていきました。そして辿り着いた先が「働き方改革」です。

皆さんは、これらを時系列に眺めてみて、どう思われましたか？　私には、ちょろちょろと流れ出した川の源流が、令和に入り、ここまで大きな河の流れとなってしまったと思えてしょうがありません。

この流れはもしかしたら、まだ止まらないのかもしれません。行き着くところはきっと、アメリカのような労働契約型社会ではないでしょうか？　あらゆる細かいことまでを取り決める、何ページにもわたる契約書を交わしてから、入社して仕事をするようになっていくのかもしれません。

日本人は、あくまで契約や規定は便宜上のものが多くて、特に何のトラブルもなければ、実際には「お互い様」を大切にしながら、信頼関係の上で、仕事という「人の営み」ができる稀有な民族のはずでしたが、信用や信頼というものより、契約や細かい取り決めを交わし、仕事にまつわることを進めざる得ない状況の芽が生まれつつあります。

「働き方改革」では、残業の上限規制と有給の最低5日取得と、非正規雇用の働き手の待遇差の禁止が決められました。この法案の施行後どのように、働き手のマインド（心）が変わってきているのか？

経験から話せば、最近は入社後にすぐ、または面接でも「残業は？」や「有給休暇は？」「休日出勤はありますか？」と聞いてくる方が本当に多くなりました。お金や休日のことばかりです。閉口しては「働き方改革、万歳」と心の中で叫んでいます。

私自身は、この綿々と続く大河となってしまった流れに対して、やっぱり腹が立ってしょうがありません。

そもそも、不当な扱いを受けてきた派遣労働者や、全体から見れば数の少ない、過労死を生むような過酷な仕事をも当たり前としていたテレビ制作会社などの企業における労働環境の改善の話ではなかったでしょうか？　数万社ある日本の企業は、それまで非道な経営をしていたのでしょうか？いいえ、そんなことはありません。多くの企業経営者は、たとえお金のない中でも、雨の日も、風の日も、何とかみんなが納得するお給料を用意し、職場の環境も、出来る範囲で精一杯整えたいと一生懸命やってきています。少なくとも、私の周りにいる経営者は、みなさんそうです。

「働き方改革」では、特に「残業時間」がやり玉に挙げられ続け、「お給料」＝「勤務時間（会社にいる時間）」という考えへと、少なくない人が傾いています。それは全くおかしなことです。ここは自由主義経済体制の日本です。社会主義国家ではありません。

「お給料」は「稼いだお金」です。会社で稼いだお金が、あなたに分けられたものです。あなたが誠実な人間としてありたいのなら、残業代を支払ってもらったかどうかを心配するよりも、もっとも気を配るべきことは、その給料に見合った貢献（稼ぎ）をしたかどうかです。

そもそも残業や有給は、本来は法律で決める必要もないことではないのでしょうか？

何度も言いますが、会社は、稼いだお金をみんなで分けるだけです。社長と社員は、理念を追いかけ、方針に従い、成果をあげることに邁進するだけです。お金を多く稼げれば、みんなの給料は高く、お金が少なくしか稼げないならみんなの給料が低くなります。残業代も有給代も「お財布は一つ」です。（法律で、一人週40時間と労働時間が決められているので、例えば一週間に１０００万を稼ぐために、Ａという会社が（40時間×10人＝４００時間）で結果を出せるならば残業時間は０です。別のＢという会社が（40時間×10人＋時間外40時間＝４４０時間）を要したなら、時間外とされる40時間が「残業代」となり「一つの財布」から支払われます。）稼いだお金の分配は、実力に応じて、つまり基本的には、個々人の責任の重さや稼ぐ能力によって決められていきます。これが会社の実態であり、すべてかと思います。

ただし、「いい会社」かどうかは、お金も時間も一つの物差しに過ぎません。「いい会社」か否かは、そこで働く社員が決めることです。会社も「人の営み」の上にしか存在しません。会社には社長の良心や、文化や、お互いを思いやる気持ちなど目に見えないものが流れています。

読んでいただければ分かるように、会社はシンプルなものなので、労働時間も残業も有給もわざわざ法律で決められなくても、全国にあるほとんどの会社は、何も問題なく経営できます。保証します。残業代や有給が、別のお財布にあるわけではなく、お財布は一つなので、その中でやりくりするだけです。

本来日本では、明治の時代から社長と社員が家族のような会社を運営してきています。また、そのようなあたたかな経営をしてきた会社が繁栄をしてきました。それは日本人の美徳です。史実がそれを証明しています。労働者、労働組合、労働者の権利などは敗戦後にアメリカから無理やり押しつけられた思想です。敗戦したから受け入れざるを得なかったものですが、そんなものは必要なかったのです。

令和の時代にあっても、日本ではまだ美徳が働いていて、社員の実力に応じてだけ給料が支払われてはいるわけではありません。決して能力の高い社員ではなくても、年齢や職歴に応じて給料が

あります。つまり、中小零細企業の社長たちの良心が、社員の生活を守り、国民の生活を守ってきているのです。その「捨ててはならぬ心意気」を、どんなに愚かな馬鹿者が「権利という自己都合の矛《ほこ》」を振りかざしてこようとも、全国の中小企業の親父たちはまだ守り抜いているではありませんか？　それこそが本当の意味での社会のセーフティネットではないのですか？

だからこそ、海外からみれば憧れるほどの「一億総中流」というみんなが幸せな理想的な社会を実現できていたのではないのですか？

「働き方改革」という愚策で、自国が自らの手で壊し続けているものは、日本を支え続けてきた「社員を大切に思う中小企業の親父たちの良心」ではないですか？　なぜ残さなければならないものまで捨て去ろうとしているのでしょうか？

また、残業に耳目が集まりすぎて、時間外に修行や稽古を積ませることが企業内でできなくなりつつあります。一人前の実力をつけるには、長い時間がかかります。修行には、残業代もへったくれもありません。修行を重んじて、高い技術を受け継いでいた文化もあったはずです。寿司職人のような、きつく長い修行を要する職人を希望する日本人の若者は減り、アジア出身の若者が増えていると耳にします。彼らは、技術を身につける大切さを知っています。もちろん、自らが残業代など要求することなどないでしょう。また、テレビ局ではＡＤが17時半に帰り、残業代のつかないプロデューサーが、残ってあらゆる仕事をしていると聞きました。

若いうちに仕事に対する心構えを教え、技術を習得させ、将来、自立した社会生活と自己実現へと導いてあげること。それこそが最も大切なことではないですか？「可愛い子ほど旅をさせる」ことを許さないような風潮に染まった今の日本は、沈没しかかった船です。

「働き方改革」は、それぞれの会社の文化を評価するのでもなく、労働環境改革を全国一律にやり、そして、その会社にあった、良い企業文化を壊し続けています。病人には、医者が必要ですが、健全な者にまで、同じ治療を施すことの愚かさがなぜわからないのでしょうか？

それぞれの会社には、そこで長いこと育んできた文化があります。それは、知恵のようなものです。それぞれの経営者の良心に基づいて、会社を多面的に考慮しての「最善」を、文化として運営していきます。

企業の歴史や文化や伝統が、全国でフラットになり続けることは、本当に「よいこと」でしょうか？　先ほども書きましたが、仕事は「時間売り」だとの考え方へと、多くの人のマインド（心）がシフトしてしまった暁には、アメリカ型の労働市場がますます出来上がっていくと思います。これまで以上に、経営者と社員が無駄な争いをしないためにも、１分１秒にわたる些細な事までを契約して取り決めるようになります。それは本当に「よいこと」だと思いますか？

結局アメリカ型の労働市場の行き着く先は、超格差社会です。契約社会となれば、能力と実力に応じてお給料のすべてが決まるからです。才能や、実力のないものには冷たい社会かもしれません。

さて、そろそろ３つ目の仮説をまとめたいと思います。

人間の心は、増えていくもの、拡大していくものに対しては、強くいられるし、寛容でいられます。だけど、維持することが困難で、縮小を予想される時、例えば、人口の減少や、経済の縮小や、国の借金が増えていくようなビジョンに対しては、とても弱いものです。

バブル崩壊後、ずっと日本人の心に、大きくのしかかっているのは、このような「縮小していくという不安」＝「暗雲」なのではないでしょうか？　そして、この「暗雲」が広がり続け、「働き方改革」へ続く大河となりました。それは、日本が大切にしたい、良い企業文化や、良い風習や、良い伝統も、すっかり一律に失わせてきているように思えてなりません。

またこの「暗雲」をとても色濃いものとして、必要以上に、社会にプレッシャーをかけ続けているプレーヤーもいます。その代表格が、テレビ局を中心としてのマスコミだと思います。近年特に著しいですが、テレビやラジオや、新聞や、ネットニュースの基調は、いつも人間の「不安や恐れ」を掻き立てるものばかりです。（不安を煽るというのも視聴率を上げるための手段の一つです。どの局も「視聴率至上主義」ですし、視聴率は、広告収入という売り上げに繋がりますから、結局は「売り上げ至上主義」です）

日本に蔓延する「暗雲」を、映像や文字として映し出すのがマスコミだとも言えますが、その「暗雲」を「暗雲」以上の嵐とし、公共の電波を用いて、貪欲に「売り上げ」だけを求め続けています。

昔は、バラエティ番組を見ているとバカになるよと教えられたものですが、今は、報道番組やエセ報道番組（ワイドショーなど）を見れば見るほど、より世界は物騒だと不安にかられ、より私たち自身が選んだ政治家を馬鹿にし、より私たちを育んでくれる祖国日本のことが嫌いになっていくのではないのでしょうか？

ＮＨＫをはじめとして、自分たちの組織の都合だけを全てに優先させ、売り上げを上げるためだけに走狗する詐欺師のような今の時代のマスコミの欺瞞には、若者から反撃の狼煙が上がり始めています。

若い世代は、もうテレビは面白くないとしてネットの世界を楽しみ始めました。しかし、50代、60代と年齢層が上がるほど、まだ「テレビの報道が全て正しい」と、信じていらっしゃる方が多いのも事実です。社会的地位や収入も高く、若者が少ないため相対的にその数も多く、社会に影響力を持つのもこの世代です。そして、この世代は、経済の拡大を常に経験してきた世代でもあり、今度は、誰よりも経済と人口の縮小を恐れていて、テレビや新聞にも煽られ続け、もっとも不安に駆られている世代だと思います。

この日本を、現実的に引っ張っているこの世代の心の不健康さは、若い世代へ伝播し、繊細な子供たちほど、将来に対する不必要な怯えや、不安を持ち始めていると私は感じています。

ＨＳＰ（ハイリーセンシティブパーソン）

ＨＳＰ（ハイリーセンシティブパーソン）という言葉を聞いたことはありますか？　とにかく繊細で、周囲の影響を受けやすい人のことを指しています。１９９６年、アメリカのアーロン博士が、それまでの研究をまとめた学説を発表して以来、少しずつ理解が広まっているそうです。

いつ頃から、そのような子供たちが増えてきたのでしょうか？　もしくは、昔からそのような子供たちがいたのでしょうか？　新しい研究なので統計を調べても出てきません。私の小学校時代を振り返って考えてみても、特に身の回りにそのような友人がいたという記憶がありません。ですから、個人的な意見を述べれば、やっぱり増えてきているのだろうと考えています。アーロン博士によれば、人口のおよそ２割、５人に１人がその特性を満たすそうです。

ではそのＨＳＰの特徴ですが、以下のようなことがあげられるようです。

①場の空気や人の表情などを敏感に読み取る。
②人ごみや物音、食べ物、気候などから過剰な刺激を受けやすい。そのため疲れやすい。
③人の感情を受け取りやすく、共感しやすく、感情を移入してしまう。
④良心的で、相手のことを優先する傾向があるので、相手を責めることをしない。そのため些細なことも自分が悪いという思いを湧かせやすく、自己否定感が強い。

このHSPが、生まれつき持っているという特徴に、ざっと目を通しただけでも、なんて繊細で優しく、汚れの少ない人間なのだろうと思ってしまいませんか？　これくらい繊細だと、夫婦喧嘩を目撃してしまったりすれば、「私が、何か悪いことをしたからだ」という思いを抱きしめてしまい、また、夫婦の仲が、いつもよくない状態が続いていれば、積み重なっていく自責の念から「私が生まれてこなければよかった」という罪悪感を強く抱きしめることになるでしょう。おそらく、それは、大人になっても、なかなか拭《ぬぐ》うことが出来ないものです。

（カウンセリングの仕事をしているとこういう方が多いことに気付いていきます）

さて、このような特徴を持つ人が、増えてきていることも、不登校児、引きこもりが増えている原因の一つに数えられるかと思います。ではなぜHSPが増えているのでしょうか？　その理由は、私たち人間の浅はかな知識や知見では、答えようもないことなのだと思います。神様を除いて、それは誰にも答えられないものなのかもしれません。

ですが、いつも天から何かを問われているのが人生であり、そして命です。引きこもりや、不登校によって困っている人が増えている、不幸を感じている方が増えているということは、やっぱり天から我々が何かを問われているのだと思います。

繊細な子供たちは、世相を真っ直ぐに写しだす鏡です。社会が荒《すさ》んでいるから、彼らの心が傷つくのです。我々人間はHSPという、とっても優しい子供たちを天から授かっているのなら、彼らにとって居心地のよい、とっても優しい社会を作り出すしかありません。

一方、ＨＳＰの彼ら自身は、他人に対しても、自然環境に対しても「優しさを感じることの少ないこの社会」で心をたくましく成長させていくことが、とても大切なことです。それはこの荒れた社会へ生まれてきた彼ら自身が天より授かった命題でもあると思います。

なぜなら、荒れた社会で傷つく辛さが分かるものこそが、社会を変えていけるはずだからです。繊細な彼らが心を強く成長させていければ、いつかそのような大事業に取り組めるようになるはずです。

そのような未来の地球のヒーロー達が、これ以上傷つくことがないように、今私たちは本気で取り組まなければなりません。彼らが安心して明るく伸び伸びと暮らしていける、人にも、地球環境にも「とびきり優しい社会」をたった今から大人たちが創りあげていく必要があります。

引きこもりが増え続けている今、それは天から「繊細じゃない大人たち」に発せられているメッセージなのだと思います。

宗教があるようでないような日本

日本人は、あらゆるものを取り入れて自分のものにすることが、とても上手な民族です。日本語もそうです。中国から西暦４００年から５００年ごろに漢字が伝わると、それを用いて、オリジナルの漢字を作り出し、話し言葉にそれを当てがって書き文字（万葉仮名）とし、さらに時代が下ると、万葉仮名を簡略化して、ひらがなを生み出し、万葉仮名の一部を切り取って、カタカナを作り出していったと言われています。それが本当だとするとなんてブレンドが上手な民族でしょうか？

近代に入ると、欧米の言葉でさえ、オリジナルなものに変えてしまって、英語のような日本語を沢山作っていますね。アパートは、アパートメントハウスの略。アポは、アポイントメントの略になるそうです。デパートは、デパートメントストアです。単にデパートでは、部門という意味になります。バラエティ番組などでは、和製英語は、おもしろおかしく取り上げられていますから、もちろんご存知でしょうけれど、アパートも、アポも、デパートも、そのまま話しても英語圏の方には全く理解してもらえません。

さて、日本には決まった宗教がないと、よく言われたりもします。確かにそう見えますね。日本人は、一年を楽しむイベントとして宗教行事を上手に取り入れて楽しんでいる、本当に珍しい民族ですから、宗教というものに対して大らかというのか、関心がないというのか、とにかく「宗教がない」ように海外の人には見えるのかもしれません。

実家や自分の家が、仏教のどの宗派で葬式をあげているのかさえわからない方が多いのも、日本人の面白いところだと思います。

ところが、宗教がないかといえばそうとも言い切れません。海外の人には、なかなか理解し得ないだろう、ピンとはこないような、日本人の体にずっと染み付いている「感性」のようなものはあります。

例えば、「夏草や　つわものどもが　夢のあと」とか「奢れるものは久しからず」など、どこかで人の命なんて露のようなものだと感覚としてわかっているのが日本人です。

日本には「四季」があります。長い冬を耐えてようやく迎えた美しい春も、すぐ過ぎ去っていきます。夏のうだるような暑さも束の間、黄金にひかり輝く実りの秋を享受します。子や孫の誕生を家族で喜び、爺や婆やには順番にお迎えがきて土に還っていきます。山は、日本人にすべてのものを産み与える母親としていつもそばにいてくれました。母なる山から湧き出づる清流は、淀むことを知らず、私たちの命を守り、大地を潤し続けてきました。

日本人であること、それは山を愛し、川を愛し、四季を愛することに等しい。四季の移ろいから、日本人はたくさんのことを学んできました。言ってみれば、「四季」が私たち日本人の宗教です。だから、日本人が日本人であることをやめてしまう時、それは、山が荒れ、川が汚れ、命が、四季のようにはかないものであるということを忘れてしまっている時です。

いつかみんな土に還り、塵となってしまう仲間です。だからこそ、日本人は、生きている間は「お互い様」で、ずっと「和」を大切にして生きてきた民族だったのではないのでしょうか？

そして「露のようにはかない命」だと、心からわかっていたからこそ、命を賭して守るべき何かを見つけることができていたのが日本人だったのではないでしょうか？

コロナウイルスが蔓延して、今現在、声高に「命を守るために行動しましょう」や「命より大切なものはない」とテレビやラジオで、どこかの誰かが叫んでいます。そんな言葉を耳にするたびに、どうしても私は違和感を覚えてしまいます。

そのような言葉を耳にするたびに「冗談でしょう。もういい加減にしなさいな」と思ってしまいます。私たち日本人の体の中には、「命を捨てる」ことを立派に果たして逝った、多くの先人の血が流れているからです。

自然から離れ、自然から学ぶことを忘れてしまえば、私の命や、身内の命にだけ魂が宿っていると勘違いし、土に還ることを拒み、いつまでも奢り、ガツガツと我が身の保身のためだけに、生きるようになるのではないのでしょうか？

美しい自然は、人間の心の荒《すさ》みや、弱さや奢りをあるがままに受け入れて、汚れていくだけです。

そして自然は、寄せては返す波のように、ただ人間の荒れた営みを受け入れては、人間の暮らしにとっては不都合な、温暖化や海の汚れや、砂漠化や、それに伴う様々な害を返しているだけです。

ＨＳＰ（ハイリーセンシィティブパーソン）は汚れていく自然にさえ心を痛めてしまいます。日本人が日本人に帰ることでも、今現在引きこもっている人を、少なくしていくことが出来るはずだと思いませんか？

武士道精神

山を母とし、川を父とし、美しい四季の移ろいを拝みながら、日本人が生きてきたことに触れました。また、いろいろなものをブレンドして、上手に取り入れることが出来るのが、日本人の長所だと述べました。最後にもう一つ、日本人が世界に誇れる宗教観（価値観のようなもの）に触れておきたいと思います。

それはやっぱり「武士道精神」です。新渡戸稲造氏が書いたご著書『武士道：日本の魂』が有名ですが、「武士道精神」に定義はとくになく、言ってみれば、江戸時代以降の日本人の「生き方の美学」のようなものですね。

難しいことはさておき、また、思い出話から始めたいと思います。

私が育った家は、祖父母、父母、兄、私、妹の七人家族世帯でした。大所帯、いつもワイワイ賑やかでした。祖父は、戦争の時代に生まれた人ですが、結核を患い（当時は死の病でした）徴兵されることなく青年時代を病院で過ごしたようです。そんな祖父は、私が小さい時にはとても厳格だったと記憶しています。

いつも悪さや、いたずらをする兄と私を、容赦無く叱ってくれたのが祖父でした。ある時、何をしたのかは覚えてはいませんが、叱られながら追いかけられたことを覚えています。そして兄と二人でトイレに逃げ込んで、鍵を閉めました。烈火の如く怒る（ほんとに赤鬼に見えました）祖父の手には、長い木刀のようなもの。（やばいっ。殺される）と、一目散にトイレに逃げ込んだまでは良かったのですが、祖父はトイレのドアの前からなかなか立ち去りません。

「こら、出てこいっ。これでお仕置きするからな」

もう絶体絶命のピンチ。トイレの窓は小さく、脱出することは出来ません。しかもトイレは、当時まだ汲み取り式でとても臭い。外からは赤鬼が、ドアノブをガチャガチャ。兄と二人でパニックのあまり、お前が悪いとかなんとか言い合いをするも、外の気配を感じてはシュンとして、もうどうしていいのかわかりません。

「外に出て謝ろう」とか、「このまま隠れていよう」とか話したような。ほんと子供の考えることって面白いですね。結局、そのまま夜になるまで籠城を続けていました。そして、父親と母親が仕事から戻ってくると、ようやくトイレから開放。お腹もペコペコで、恐る恐る祖父のいるリビングでのご対面。叱られると思っていましたが、一言もそのことには触れず、ふつうに晩酌をしている。晩酌のせいで、顔は変わらず赤鬼のままでしたが、ニコニコしていました。本当にいい思い出です。いたずらも、度を越してはいけないことを学びました。祖父から教わった「ならぬものはならぬ」でした。

汲み取り式の便所は、もう日本からはほとんどなくなってしまいましたが、田舎などでそういう便所に行き当たると、必ずこのことを思い出してしまいます。

お箸の使い方を教えてくれたのも祖父でした。物心ついた頃、朝ごはんを家族揃って食べていると、箸をもった手を、パチンと祖父の箸で叩かれます。毎日、パチン。「こう持つんだよ」と、いつもレクチャーを受けては、パチン。嫌な記憶ではないですが、あのように毎日パチンパチンとやられたおかげで、箸だけはきれいに持つことが出来るようになりました。大人になってから、周囲の人が、ヘンテコに箸を持つのを見るにつけ、祖父に感謝してしまいます。

そのような祖父が、欠かさずみていたのが「水戸黄門」などのテレビ時代劇です。いつも欠かさず見ていました。そして、その時代劇の時間帯だけは、チャンネル権は一切与えて貰えません。ですから、本当によく隣で観たわけです。それが面白くなかったかといえばそうでもなく、初めは「えーっ、時代劇ぃー！　早く終わんないかな」と、ぼやいているのですが、番組の途中には、誰よりも夢中になって観てしまっていました。

今こうして大人になって、日本人の中に脈々と流れる「武士道精神」を取り出そうとすると、祖父が心から愛して止まなかった大衆向け時代劇の中に流れていたのだと気づきます。

水戸黄門を筆頭に、こうしたテレビ時代劇のメインテーマは「勧善懲悪」です。悪いものは、正義の味方が懲らしめる。それは観る者を、とにかくスカッとさせる。爽快ですよね。

水戸黄門では必ず、庶民を泣かした悪党が、ばったばったとやっつけられたのちに、助さんが、ここぞとばかり、すかさず印籠をかざし、決め台詞。

「御老公の御前である控えおろう！」

「ははあーっ」

何もいうことはありません。最高に気持ちがいい。

こうした正義のドラマは、海外のドラマにも、もちろんあります。しかし、このドラマに彩り添えていたものが、「武士道精神」です。


「武士道精神」のイメージといえば、私の場合、「立派なお侍さん」となりますし、それは「日本人らしい美学」であり、「しびれるような生き様」のことです。

「忠臣蔵」が、ずっと好まれたのはこのためです。最近では、「半沢直樹」も「鬼滅の刃」もみんな同じだと思います。正義がまかり通り、人の情が溢れる世の中を、いつもみんなが望んでいるからこそ、こうしたドラマに繰り返し日本人は熱狂しています。現実の世界もこうであってくれと誰もが望んでいるけれど、おかしな方向へ進んでいて、正義がまかり通らず、おまけに人情不足で、窒息してしまうようなところまで来ています。

侍は、戦い中で、その美学を追究しました。いつも命は死と隣り合わせです。誰かに頼っても、何かに依存しても、結局、戦場で頼れるものは、己のみです。だから、強いものほど、鍛錬を重ねます。稽古を怠ることをしません。

人間は弱いので、何かにすぐ依存したがりますが、「依存心」が生死を分けてしまうことを知っているのが侍です。お金や、力のある殿様や、名家である血筋などに頼ってみても、一対一の真剣勝負では何の役にも立たず、そんなものをひけらかしても、汚名を着せられるだけです。

「正義の道」とは、自立の道です。もともと弱い存在である人間が、己の中で生まれる「依存心」を断ち切りながら生きることです。

ですが、近頃ではどうなっていますか？　大声で叱責すれば、パワハラだと叫ぶ「愚か者」が増え、男性と女性を区別すれば、女性蔑視だと叫ぶ「浅はか者」が増えました。さらには、マスコミは「愚か者」に歩調を合わせ、法律屋は「浅はか者」に擦り寄り、本当の「弱者」と「依存心の強い幼稚な大人」とを区別することが出来なくなったかのようです。

「我、神仏を尊びて、神仏を頼らず」とは、宮本武蔵の言葉です。神にも、仏にも頼らない独立自尊の道こそが、日本人に相応《ふさわ》しい崇高な生き方のはずです。

最後になりますが、統計上、「引きこもり」は、男子が多いです。なぜでしょうか？　理由は、あくまで推測ですが、母親が「子離れ」を望まず、子供の自立を、本心から望んでいないからではないかと考えています。

女性として、息子に「依存」し、そして、自立して手を離れていくことがないように、どこかで足を引っ張り続けてしまっている。母親に必要以上に甘やかされた男の子が、母親からの「親離れ」を望み、己の力で社会に立ち、人生の大海原を切り拓くことは、かなり難しいことです。そういう子供たちを目にしてきての私の感想です。

これからの日本

この本の原稿を書くために、喫茶店へと車で向かいながら、明日は何の祝日だったかなあと思っていました。（４月29日が昭和天皇の日でしょ、５月３日は、えーっと……どっちにしろ、旗日でめでたい日だね）なんて思っていると、日の丸が頭に浮かび、天気も良かったので、窓を少し開けて、大声で「君が代」を歌ってみました。本当に久しぶりに。

「君ぃーみぃがーあーよーをーはー　千ぃ代にぃー……」

とっても気持ちが良かったです。お勧めします。家族でドライブしながら「君が代」を歌う。そんなラブリーな未来はやってくるのでしょうか？

「君が代」の「君」は大声で歌いながら、誰のことだろうと、改めて考えていました。

明治政府が、10世紀に作られた「和歌」（詠み人知らず）を、国歌として採用したわけですから、普通に考えれば、天皇陛下のことだと思います。明治政府は、天皇を中心とした、中央集権国家を目指して出来た政府だからです。

「君が代」は、天皇陛下が治めるこの国が、千代に八千代に続くことが謳われています。これは「未来永劫続く、みんなが豊かで幸せな世の中」という意味になります。

さて、今上《きんじょう》陛下の父方をずっと遡っていくと、１２６人数えることが出来ます。そして、初代の神武天皇にたどり着きます。神武天皇は、九州の宮崎から、東に向かって各地の勢力を押さえていき、ついに、奈良県の橿原市に都を置き、初代天皇としてこの国を開いた方です。紀元前660年といわれていますので、その年から数えてなんと2661年もの間、ずっとこの神武天皇の血を受け継ぐものが、この日本という国のトップとしておられるわけです。もちろん世界のどの国もが、追随できないほど長い王朝で、しかも由緒がしっかりしています。

しかし、話はここで終わるわけではなく、「日本書紀」にあるように、神武天皇は、伊勢神宮に祀られる神様、天照大御神の5代下った直系の子孫とされています。

さて、その「日本書紀」には、天皇のご先祖様であり、神でもある天照大御神のお言葉（神勅）が書かれています。それは、「日本はわたしの子孫が天皇となる国ですよ。それならば皇室の繁栄は、天地とともに永遠に続きますよ」という内容です。

伊藤博文らの元勲《げんくん》（明治維新を成し遂げることに成功した貢献者らのこと）たちは、もちろんこのことをよく知っていました。彼らは、天照の直系の子孫の皇室が続くかぎり、皇室も、そしてこの日本という国土も、そこに住む国民も、永遠に繁栄していくという天照大御神のご神勅に従い、天皇を中心とした立憲君主制（憲法によって天皇の権限を決める法治国家）を確立していったのです。

こうして考えていくと「日本」というこの国の名前は、天照大御神の直系の子孫が、治める国を指しているともいえます。だから、初代神武天皇の直系の子孫が、「元首」でなくなってしまうようなことになってしまえば、その時は、「日本」は「日本」ではなくなり、「日本共和国」や「NIPPON」などと国名を変えなければならないほどの由々しき事態を迎えてしまったといえます。２６６１年間もの長い間、我々のご先祖様たちが暮らしたこの国体そのものの終焉です。

今、天皇家は、お世継ぎをする資格を持つご子孫が、法律上は、お二人です。男系の血を途絶えさすことなく、この国の伝統を守るためには、皇室典範を変える必要があります。具体的には、宮家の数を、現在の3宮家から、戦前の14宮家へ、戻してしまえばいいと思います。

女系天皇や、女性天皇が議論に上がって久しいですが、女系では、神武天皇まで遡れません。我が国の主権者は国民ですので、私たちの意見がこの国の在り方を決めていきます。つまり、未来の子供達のために、この国のこれからを決める責任を持ちます。

私自身は、全国にある神社を巡るのがとても楽しいです。地元にある小さな神社も、有名な大きな神社も、どれも楽しく、訪れると凛とした気持ちにもなれます。鎮守の森の中を歩くのも、とっても清々しいですよね。

どの神社にも必ず由緒《ゆいしょ》が書いてありますね。全国津々浦々に、何万と神社がありますが、由緒書きを読めば、その築造の理由のほとんどが、天皇家にまつわるものです。天皇家のご先祖様である神々が祀られていたり、天皇家に仕えた官僚や武士たちが祀ってあったりします。その背景には、実にたくさんの物語があります。

私は、日本人に生まれた有難さを、こうしたところに発見します。明治の人も、江戸も、室町の人も、みんなここに来て、手を合わせた。そして、またこの先のずっと先、未来の日本人も、ここでこうして、日常の暮らしの中で、手を合わせていくのです。そしてこれは、国家の歴史が何度も途切れている他の国々では、味わうことの出来ないものです。

皇統を繋いできたからこそ、この文化があります。この壮大なストーリーを絶やすことなく、未来の子供達に残してあげたいなあと思っています。

これまでの天皇家の歴史が、国民を虐げ、私腹を肥やすようなものであったのなら、正直、残してあげたいとは、考えなかったのかもしれません。

昭和天皇は、敗戦後、マッカーサー将軍の元へ向かい、自分の命と引き換えに、我が国の民には手を出さないでほしいと嘆願し、平成天皇は、東日本大震災が起き、原発が爆発しても、皇居から逃げることなく、国民とともに停電の中、蝋燭の明かりの中でお過ごしになられました。このように、戦後生まれの私たちが、実際に経験している昭和天皇、平成天皇、そして、令和天皇は、「無私であること」を貫いていらっしゃいます。

陛下ご自身が、憲法に違わず「象徴」として生きることが、法に基づいた民主国家を安定させることだということを、誰よりも理解され（立憲君主の立場を誰よりも理解され）、国民には与えられている自由を、ご自身には求めることはせず、住居を自分で選べず、職業の自由もなく、ただただ天皇としての職責を全うしようと努められていらっしゃいます。国民の幸せの為に、日々祈りを捧げていらっしゃいます。このような無私なる天皇が、元首でいられるからこそ、国民は、近代の大変動の時代の中で、不満や不平や鬱積を、暴力に変えること少なく、いかなる時も、みんなで耐えてくることが出来てきたのではないのでしょうか？

日本が敗戦後、占領国アメリカに破壊され尽くされてしまったものは、天皇を中心とした大家族主義です。それは戦後教育が教えてきたような戦争をするための、国家総動員体制（全体主義）とは相容れないもので、決して悪者ではありません。

祖先を大切にし、祖国を大切にし、山や海の幸を与えてくれる神々へ、感謝を捧げるための神社を中心として育まれていた、故郷を愛する心です。だからこそ、お互いが祖国日本に住む大家族であるという気持ちが生まれ、お隣さんと味噌や醤油を分け合い、子は宝とみんなで面倒を見ていた、とてもあたたかい風土に繋がっていたのではないでしょうか？

世界も羨んだほどの国風へ回帰するための第一歩として、地域のコミュニティーの中心には、公民館ではなく、戦前のように「神社」やそこで行われる「お祭り」に置くのがいいなあと思います。そして、神社にその役割を担ってもらう為には、きちんと税金を回せばいい。

そうなれば、全国で執り行われる祭事の長である天皇に対して、全国民が改めて尊崇の念を抱き、国民はみんな家族のようなものだと思う精神的な繋がりの回復も図られるかもしれないと思っています。

どこかでつながっているという思いこそが、孤独に陥りそうなものを支えるセーフティネットとなります。そして、つながっているという思いが強ければ、引きこもる理由も減っていくのだと思います。

これからの教育①

教育の話をしてみたいと思います。

日本に生まれたなら、ほとんどの方が、小学校を出て、中学校、高校に進み、そして社会人となり就職していきます。今の時代と、私たちの時代との違いを調べると、大きな変化は、4年生大学進学率が急速に上がったことでしょうか。およそ6割の方が進学しているそうです。（統計を調べると、私の時代は（90年代）、35％程度だったようです）

昔話になりますが、私は浪人を経験しています。時代のせいか、浪人生は、周りに結構たくさんいました。浪人生が主人公の漫画もあったと記憶しています。子供の人口が多く、大学に入るのは大変だった時代でした。（とはいえ、私の場合は、野球ばっかりやっていて、高校時代はほとんど勉強してないので自業自得です）

さて、大学への進学率の他は、（教育基本法の内容が大きく変わることがありましたが）国の整備する6・3・3の教育のシステムは、戦後から私の時代を経て、そして今現在も変わっていません。

歴史を少し振り返ってみたいと思います。近代日本を作るための教育システムが、明治5年に整備されました。それ以前はというと、江戸時代の後期になりますが、この頃の教育は、武士の子らが通う藩校があり、それとは別に全国各地には、庶民が通う寺子屋が、最古の統計によると、約1

万件の記録があります。（実際には、２万件があったと推測されています）寺子屋では、何を教えていたのかというと、読み書き算盤《そろばん》です。当時の日本人の識字率は、ダントツの世界一だったとも言われています。２万もの寺子屋があったから、高い識字率が実現できたのですね。

第二次世界大戦後、日本の小学校の数は、最大で２７、０００校まで増えて、そして今は１９、０００校に減ってしまってはいますが、この令和の時代に、読み書き算盤を教える小学校の数が、江戸時代とほとんど変わらない数だというのは少し驚きです。

さて、前置きが済んだので、これからの教育について、少し考えてみたいと思います。もちろん専門家ではないので、自分の学生時代の経験と、会社を経営してきた経験を踏まえます。

そこで、教育自体を考えるというのは、紙数がいくらあっても足りない題材なので、「会社に必要な人材」と、「国の官僚として活躍してほしい人材」という題材に絞って、教育の役割を考えてみたいと思います。

まずは、経営者として「会社に必要な人材」です。（個人的な見解ですが、同じ時代に舵取りする経営者には共感してくださる方が多くいらっしゃるかとは思います）

まずは、日本語の読み書きと算術（足し算、引き算、割り算、掛け算、そしてワードやエクセル）が出来ることです。そして、このような物事の変化の速い時代には、「考える力」が必要かと思います。

「考える力」についてです。これは、別の言葉で言い換えるなら、「きちんとお使いが出来る人」

です。

会社で、何か頼まれごとをされれば、その要求に対して、すっと理解して、順序立てて取組み、必要であれば他人と交渉もして、頼んだ側が改めて何かを付け足してやらせたり、アドバイスしたり、もう一度やり直させたりすることなく、物事の処理が出来る方です。自分の頭で考えて、要求されていることの本質を見極めて、実践出来る方であれば、実際の仕事上で経験を積んでいけば、仕事の出来る人間になっていくでしょう。

さらに、もう少し「考える力」について深めてみます。

「考える力」とは、たくさんの側面から物事を見ることが出来る力のことです。この力は、「知識」と、「経験」（これは成功体験も失敗体験などあらゆる経験のことです）との「掛け算」から発揮されていく力です。

（Aという商品を売ってきなさい）（Bという商品を改良しなさい）という会社からの要求に対して、「考える力」を用いて常にたくさんの方法や手段を思い浮かべることが出来るのが第一段階。そして一つ一つ実践しては潰していくことが第二段階。これが最善の答えにたどり着くためには必要なプロセスです。これが出来る人を、今の会社（経済界）は求めています。ビジネスの現場は、スピードがさらに増しています。素直な指示待ち人間から、もう一歩すすんだ人材を求めているのです。

（ここまで教えなくちゃ動けないの？）では、成果を出すまでに一体どれくらい時間がかかるのだろう？　と思われてしまいます。なぜならどの企業も、ゆっくりと時間をかけて人を育てるということが出来ない変化の速い時代に入ってしまっているからです。

「考える力が高いこと」は、本人にとっては、生活していく上でも、役に立つことですよね。だから学校教育では、それを身に付けさせて上げれば喜ばれるし、またひいては日本国家のためになります。人材が常に豊富であれば、国際競争力が落ちることはありません。

それでは具体的に考える力を身につけるためには、学生時代に何をすればいいのか？

まずは、見る力と、聞く力の向上です。認知の力です。これには、大変な個人差があるので、十分にトレーニングさせてあげるといいかと思います。

そして、読む力、書く力、算術する力の向上です。これは、基礎を繰り返させる「量稽古」が効果的です。

そして、いよいよ考える力を身につけさせる段階に入っていきます。具体的には、本をたくさん読むことと、部活などの課外活動でいろいろな経験をして、たくさんの人と触れ合うことかと。そういう積み重ねの多さが、将来の「考える力」につながっていきます。

考えることの上手な人はいます。あらゆる業界のリーダーは皆さんとても考えることの上手な人です。そういう人の考え方や、物の見方を、まずは盗んでみるのが手っ取り早いです。そこからいつの間にか、考える力が身についていき、自分らしいオリジナルの考え方が出てくるのです。

私は、普通高校に入ったのですが、記憶する限り、社会がどういう人材を求めていて、どういう教育プロセスを経て、日本を担う社会人として、どう成長して行けばいいのかを教わったことはありませんでした。もちろん、本屋さんをのぞいて、あらゆるジャンルの本を読んでいれば、早い段階でそういうことに気づいたのかもしれません。今のように、ネットで簡単に情報を得られるような時代でもありませんでした。

当時、高校では何をしていたのか？　はっきりいえばよく覚えていません。教科書や教材の暗記をひたすらやっていた印象です。何にも頭に残っていないし、授業が、特に面白いものでもなかったなあという記憶です。小学校は、楽しかったです。漢字を覚えて褒められたり、掛け算の九九を、家に帰って大声で唱えて、家族の笑顔を誘い出したり。新しいことを覚えていくということは、人間にとって楽しく自然なことだなあと思います。ですが、中学に入ってしまうと、テストの点数を求められる詰め込み型の教育の始まりです。振り返ってみてあの時代に、勉強で得られるものは本当に少なかったように思います。

この年齢になってからは、とてもよく理解できるのですが、学ぶということは、自分で興味を持ったものを掘り下げていくことが全てだとも言えますし、だからこそ、「教育」は、自分で興味の向く分野を楽しく掘り下げることの素晴らしさを教え、自走できるように、「学び」のスタートラインに立ってもらうことだと思います。

日本の教育は、戦前も戦後も、ずっと欧米に追いつき追い越せ型でした。とにかくあらゆることを真似ることでした。今では、英語学習が母国語の習得よりも、重きが置かれているようなところもありますね。

先進国であるヨーロッパ、アメリカに追いつくためには、あらゆるものを真似て、吸収していくのが手取り早い。そして敗戦後のことになりますが、手先が器用で、職人気質の強い日本人らしい工夫を、常に商品に凝らし続け、東京オリンピックの頃には、経済力で欧州を追い抜き、80年代後半には圧倒的なトップであったアメリカにも近づき、名実ともに世界2位の経済大国へと成長しました。

しかし浮かれるのも束の間、バブル崩壊後は他国に追われ、あっという間に新しいものを考える力で、アメリカを筆頭とする国に劣り始め、経済戦争で負け続けています。

つまり、中学校、高校の詰め込み型教育では、今の時代の経済界にとって必要な「考える力」を養うには向いていないということです。

一つの例をあげると、今の大学生は、一年間に本を1冊も読まない方が多いそうです。やっぱりこれは、ヘンテコな教育の産物です。受験勉強はしてきたけど、読書の楽しさを知ることがなかったということですよね。

読書習慣がある人は、すでに読書がどれだけ自分にとって大切なことを教えてくれることかを知っている人です。そして、たくさんの重要なことを教えてくれて、さらに人生に潤いと充実をもたらしてくれることも知っています。

日本は飛鳥の時代よりずっと、お隣の中国からお経《きょう》などの本を手に入れようと、命がけの航海をしてまで学んできた国です。それは明治の世、昭和初期の世でも変わりませんでした。ずっと読書の大切さを知る民族でした。

しかし戦後の豊かさは、庶民の娯楽を小説や雑誌から、ラジオやテレビに変え、そして偏差値の高さを競う教育環境が、歴史書や、哲学書や宗教書や、詩歌などを読む時間を子供達から奪ってしまいました。

時間をかけ、腰を据えて読む必要のある読書ほど、情操や、考える力を育ませます。人類史はそれを教えています。そしてそれは間違いのない事実ではないかと思います。

これからの教育②

さて、これからの教育を考える上で、もう一つ書いておきたいと思います。

自分自身の経験から、今の日本の教育システムを考えてみると、「大学教育」は、日本にとって総じてプラスに働いていないだろうと考えています。はっきりいえば今の「大学教育」ならば、全く無くなってしまっても、マイナスの影響はないのではないのだろうかと考えています。


私は、東京にある某私立大学に入りました。留年も含め5年間通いましたが、そこでも高校時代から続く、詰め込み型教育の延長でした。経済学部でしたが、単位を取るために、まずは講義を選択しますが、どの講義でもその教授の書いた本を購入させられました。当然そうですね。先生は自分の専門を教えるわけですから、自分の書いた本が教科書としてはベストなわけです。

ですが学生の側は、教授が積み重ねている知見にはもちろん及ぶはずもないヒヨッ子です。それを読み解く知識のベースがないところに専門書を渡されるわけです。そして、興味があるわけでもありませんから、必然、単位を取るためだけに友人と情報を交換し、先輩に過去問を聞き出し、必要な暗記だけをしてテストに臨みます。どの授業もほとんど同じでした。どの学年になっても同じでした。

ただ先生の本だけが、専門書なのでとても高額だったなあと記憶しています。一読もせず、将来も読まれることのない本だけを購入するのが日本の大学なのかなあと、卒業した後によく思い出しました。

他の大学はどうだったのでしょうか？　おそらく似たり寄ったりだったのではないのでしょうか？　中には素晴らしい先生もいらっしゃると思います。そこから人生を変えるような学びを得た方もいらっしゃるのかもしれません。ですが、ほとんどの学生は、高い学費に見合うようなことは一切なかったのではないのでしょうか？

仕事をしながらでも、自分一人で十分勉強出来るような内容だったと、振り返ってみると、今、私は思います。今は、ズームなどを用いたあらゆるジャンルの勉強会を、簡単に受けることができます。YouTubeで、様々なジャンルの勉強を自習することも可能です。

大学になどに行かないで、そちらの方が遥かに内容の濃い授業を受けられたのではないかと思います。高校を卒業したら、何の役にも立たない大学教育を受けることはせず、興味あるジャンルを選び、2年間、3年間と自分の学びを掘り下げるために費やした方が、遥かに「考える力」を身につけられます。

（深い理解へ到達したいと自走する）（好きなことをとことん突き詰めていく）、そのような人材の方が、今の社会には、暗記型教育で頭角を現す方よりも、創造的な仕事ができる素地があります。「考える力＝《イコール》大卒」ではありません。

太平洋戦争の後、76年が経とうとしていますが、大学教育の在り方や方向性も、大きくは変更しておらず、生きた化石のようになり続けているように思います。テレビは「古典芸能」と、どなたかがおっしゃっていましたが、大学も古典芸能になっている部分があるのではないでしょうか？

本当に学生の役に立っているのでしょうか？　ここら辺で一度、「大学教育」をきちんと評価してみることは、将来の日本を考える上でとても大事なことだと思います。

もちろん大学に在籍して、日夜研究に没頭する研究者や科学者は、国の未来のために大変重要で必要な方々です。

その大切な研究者を、学生から徴収した学費を中心に支えている今現在の大学の在り方にもやっぱり問題があるかと思います。

またその学費が、金利の高い学生ローンによって支えられてきたことも大変な社会の歪みです。そしてこれが、若者が人生設計をする上で、かなりマイナスに働いていることも事実です。周囲の友人を眺めれば、晩婚化の一因にもなっていると思われます。

これからの教育③

さて、話を「経営者が求める（経済界に必要な）人材」から「国の官僚として求められる人材」へと移したいと思います。

帝国大学（国立大学）は、そもそも全国から才能ある有望な人材を集めて、官僚を養成するために作られました。それは財務官僚をはじめとする高級官僚の多くが、今でも東大出身者だという事実からもわかりますね。（現在は東大閥だけではなくなってきてはいるようです）

「エリートを集めて、訓練して、国のために難易度の高い仕事をしてもらう」、これは今の時代も、明治の時代も変わりありません。官僚の仕事は、国民を守るための仕事をし、国民の幸せに貢献することしかありません。

もっともシンプルに書いてみます。

国民を守るとは、命を守ることです。それは、秩序を守ることですから、国内では警察を配備し、外国相手では軍隊を配備することです。これを安全保障といいます。そうであるなら質と量ともに高めてこそ、より高い安全保障が実現できますね。

だからまずは、軍のことを考えるプロが官僚には必要です。つまり国防省（警察庁）です。

そして、軍隊を維持するためにはお金が必要ですから、官僚には、国を富ませることを考えられる人材が必要です。国を富ませるには、資源のない日本では、産業を育て、海外との交易をしなければいけません。交易をするためには、外交交渉が欠かせません。だから官僚は、産業を育て、外交交渉が出来る能力が問われますし、一見何の関わりのないように見える目の前の仕事が、ひいては、全て安全保障に関わっていることを見つめる目を持つことが要求されます。（資源については、今現在、海洋メタンの開発が期待されます）

まとめると、「国の官僚として求められる人材」は、「軍事のプロ」と、「営業力（交渉力）」と、新しいビジネスの種を育てることが出来る「経営者的マインド」を持つ人になるかと思います。

しかも、各国は国益を守るために、死力を尽くす交渉を重ねているのだと想像できますから、それはもう超有能な営業マン、そしてトップレベルの経営者的素質がある方でなくてはなりません。

アメリカを知るとよくわかりますが、外交と軍事は連邦政府が責任をもっています。つまり、内政は各州に任せ、国として最も重要な根幹の「安全保障」に、全国から優秀な人材を当てています。

残念ながら、日本は果たしてそうなっているのでしょうか？　世界ではヤクザより乱暴な国や、詐欺師よりさらに狡猾な国がしのぎを削っています。その中で、国益を守るための武器のない戦争（外交）を勝ち抜くためには、暗記型学歴社会を勝ち抜いただけの大卒のエリートだけでは難しいのではないのでしょうか？

また日本の官僚の序列は、上から財務省、外務省という順番だそうです。防衛省は、庁から省へ、ほんの数年前に格上げになったばかりです。敗戦国ゆえの歪みからです。この事実も国益を損ねることに繋がってしまっています。

日本という国は、俯瞰して見れば、「株式会社日本丸」です。国民の代表である政治家をリーダーとして、官僚が一丸となって、国益を出すために働かなければなりません。省庁の壁があり、省益を優先させるなどの声が今も聞こえるのは、日本丸の沈没に繋がります。ここ数年、改善が進んでいるようですが、政治家サイドからだけではなく、自浄作用として、省庁内からも改善の声が常に上がっていくような組織であって欲しいです。

政治家についてですが、官僚を管理監督、そして導く立場です。それが、民主国家です。ですから、政治家になるとは、最低限、国の防衛と外交に対して幅広い知識を持ち合わせ、強い愛国心と、国民を守るためのしっかりとした国家観がなければ、国政選挙に出る資格はないのではないでしょうか？

日本には、保守もリベラル政治家も必要ありません。郷土を愛し、国民を守り抜くために、不要な慣習や伝統ならば、バッサリと変えていく。そして日本国にとって、必要な伝統や精神性ならば、如何なるものでも残すものは残すという不易流行の精神を持つ国士だけが必要です。

私たち国民が選んでいるのが、今の政治家です。国民の意識レベル、知識レベル、考える力の反映が、今の政治家であり、官僚の仕事の質です。すべては私たち一人一人の責任です。みんなで学びあって高め合っていきたいものです。

これからの教育④

さて最後に、引きこもりを生まない教育と、これからの日本の教育に触れて、この章を終えたいと思います。

人は、下から上に成長する存在です。基礎があって、応用があります。反対はありません。まずは、見る、聞くが出来ること。これは認知能力です。これが出来れば、次の読む、書くが出来るようになっていきます。その次は、算術やコミュニケーションです。そしてそれらのベースの上に、知識や体験を重ね続け「考える力」をつけていきます。さらにそれらを発展させて、交渉力や経営的マインドなど、この世界を自分の力で歩き出すための力へと繋げていきます。だから教育とは、下から順序よく出来るように積み重ねさせることだと言えます。

下から順序よく積み重ねさせるためには、どうしても個別対応が必要です。人それぞれ学ぶスピードが違うからです。見る、聞くで、つまずく人は、次の読む、書く、計算するが上手に出来なくなります。つまずけば、学ぶ意欲や学校へ行く意欲が減退します。学ぶことは本来楽しいことです。学生自らが、意欲的に学んでいくようなところに立たせてあげることが出来れば、教育の半分以上、もしくは全部は終わりなのだと思います。

今の義務教育や、高等教育で足りないものはたくさんあります。まずは、将来、社会人となることを見据えて人を育てていくというグランドデザインが、少なくとも私の時代はありませんでした。これまでは、大量生産を支えるための労働者や官僚を作り上げるために教育システムがありました。
しかし今の時代は、「考える力」が必要な時代です。「考える力」を身につけさせるために学校を変えればいいのだと思います。そのために英知を結集して、学校を改革していくといいと思います。

学術の世界は、ビジネスの世界とは違うと、切り離して考える傾向が日本には蔓延しているように感じます。そのような意見は、主に学者の世界から出てきているように思います。都合のいい偏見だと思います。もしくは、自分たちは高尚だという傲慢な意見です。自分たちの住む世界を、ビジネスの世界と切り離しておきたいという子供のような願望を語っているに過ぎないように思えます。

そういう偏見や、ごまかしが、現代の大人になりたがらない大人を作っていきます。
純粋な科学を追求することもしないで、テレビに出て、見当違いのイデオロギーに加担したりする学者もどきが、大きな声をあげています。そのようなことで学術の世界があるのならば、やっぱりきれいに無くしてしまって、ゼロから作り上げた方がいいのだと思います。

私たちは、大人になれば、社会に属します。社会とは、つまりは「経済」と「政治」の世界です。学者もその世界の住人です。経済と政治を離れて、社会人は存在しないのです。同様に経済と政治を離れては、学者は存在し得ないのです。大人になるとは、政治と経済のことに直接関わるということです。だから、仕事をするとは政治と経済のことに関わることです。

そしてだからこそ、その社会を少しでも良いものにするために、人間は、学び働きます。「社会」に貢献するからこそ、生きがいや、そして見返りとしてお給料をいただきます。

これからの日本の教育システムについて、私なりのビジョンを考えてみます。

まずは教育の目的です。

これは、「自己実現」ではどうでしょうか？

そのために学ぶのです。決して、学ぶための目的は、受験競争に勝って、いい会社へ就職するというこれまでの価値観にあってはいけません。それだと、必ず落ちこぼれを生んでしまいます。

一人一人の「自己実現」が、義務教育の目的ならば、６・３・３の教育システムの在り方は変えなければいけませんね。「自己実現」とは、自己の能力を最大限に開発し、自立し、所属する社会の役に立ち、貢献し、生き生きとした幸せな社会生活を送ることです。目的が決まれば、学生に学んでもらう内容も、今とはだいぶ変わっていきますよね。

個人が学ぶスピードには、早い遅いがあります。だから、早く学べた人は先に進む。２年生でつまずいたら、もう一度２年生の勉強をやり直す。中学２年生でつまずいたら、小学６年生の勉強に戻ってもいい。先生を変えてもいい。個人差があります。個性があります。すべての日本国民には、国が責任を持って、最低限自立可能なところまで基礎学力をつけさせ、一人の可能性も失うことのないように教育にあたります。

ある人には15年かけて、またある人には、17年かけてもいいのではないのでしょうか？「読む、書く」が上手に出来なければ、「見る、聞く」のトレーニングを重ねる。それで少しずつ前に進んでいきます。戻るも進むも、援助の手を差し伸べながら、学ばせることがいいと思います。

また、15歳を目処に、基礎学習の合格ラインを超えたものには、職業カウンセリングを行い、本人の興味に沿う、あらゆる可能性を探るお手伝いをしてあげるといいと考えます。

今の日本はサービス業が全盛ですが、それだけが仕事ではありません。高校や大学に行かねばならないという価値観を社会が見直し、早めに就業させて、もしくは修行の道へ促し、その道のプロを目指させるのも、理にかなっています。一流のプロになるには、若さと、そして長い修行の時間が必要だからです。

また、大学の代わりとして、興味の向く分野の研究へ、基礎学習能力を身につけた学生を進ませ行わせるのも一つの手だと思います。もちろん優秀な能力があれば、年齢など関係なくエリートを養成するような特別機関で学んでもらうことも必要だと考えます。

学ぶ楽しさは、人間にとっては本能のようなものです。そして、自分で好きな分野を掘り下げていく研究こそが、本当の意味で、日本のためになる研究に繋がっていきます。

例えば、昆虫が好きならば昆虫で研究を進めさせるといいです。専門家の援助があれば、学術書や好きな本を読み、どんどん学びを深めていくのだろうと思います。それはどんな分野でも、大人が、一見くだらないと思うようなものでもいいと思います。とにかく、研究を続けさせ、その成果を発表させていく。どこまで研究を深められるのかはわかりませんが、自分で粘り強く調べて、いろいろな発見をしていくというのは、社会人となって働く上で、また自己実現する上でも、とっても大切な能力を獲得したことになります。

私の体験から話すと、就業してからだいぶ経ったのちに、読書習慣が身につき、偉人の話や、宗教書を読むことが好きなことに気づいていきました。

今振り返ると、いつも「命」に興味が向いていたのです。そしてその研究が、何よりも楽しかった。コツコツと何年も研究を重ねているうちに、理解や見解をずっと深めていき、いつしかカウンセリングという仕事をし始め、自己実現についての勉強会を開くことになっていきました。それは、今も続いています。本を書くのもその一環です。そして、これは自分の自己実現だと胸を張って言えるようになっています。

次に「官僚になってもらうための教育」ですが、まずは安全保障を理解するためにも、義務教育の後、高等教育、必要なら公立大学での選抜、能力開発を経てのち、５年程度の「兵役の義務」を設ければいいのではないでしょうか？

イスラエルという国をご存知でしょうか？　１９４７年に建国した今現在９００万人の住む小国ですが、その民族史、建国の歴史、また宗教の対立から、周囲をぐるりと敵対する国々に囲まれ、戦争を繰り返しながらも国づくりを進めていますが、２０００年を過ぎた頃からは、先進的な多国籍ＩＴ企業を輩出し、高い経済成長率、高い出生率、国防の充実を、今現在実現している国です。一人当たりのＧＤＰでも日本は近年追い抜かれてしまいました。

そこに至るまで並々ならぬ努力があったようですが、一つ日本が参考にできるところがあります。それは国を守り愛するという国民意識が尋常ではなく高いことです。この意識のまとまりがあるからこそ、国防軍、政府官僚、大学機関、企業群が強い連携をはかりながら国策を進めることができています。だからこその経済や政治の成功ですが、その意識の一体感は「兵役の義務（男女すべて）」から生まれています。

徴兵は悪いことではありません。同じ釜の飯を食べ、そして、すぐ襲ってくるのかもしれない敵国に囲まれながら、何年間も厳しいトレーニングを積み、国を守るために日夜勉強していく毎日です。徴兵が終われば、今度は予備兵として過ごします。何か危急の事態になれば、いつでも軍に戻ることを約束して生活します。だから国民は、年上も年下もなく、共通の目的を持つ本当の友情を育んでいきます。イメージするなら、部活の仲間みたいなものだと思います。

国の官僚とは、国を守るエリートチームということなので、チームであるなら、中途半端な一体感では機能しないのではないでしょうか？　縦割りや省益などが問題視される時点で破綻していきます。兵役の義務を設けることで、志の高く、そして優秀なエリートが育めるのではないかと思います。

「国民の命を守ること」を頭の中ではなく、実際に軍事の現場で知るという経験を積めばこそ、省庁の壁を超えて、最善の仕事が出来るようになるのではないでしょうか？

さて、従来の単線型の教育システムを見直すには、思い切った決断と実行力が必要です。しかも、引きこもりがこれだけ増えている異常事態を変える為には、対症療法でなく、抜本的な改革が必要です。そして、それには、やっぱり主権者である国民のこれまでの「常識」が変わらないと何も始まりません。

国づくりは、人づくり。

教育こそが国家の大計です。

決めるのは、他の誰でもありません。主権者の私であり、そしてあなたです。

令和に生きる

「引きこもりが生まれない世の中にするためには」という目線で、自由に書いてきました。いかがでしたでしょうか？　人間は心と体で出来ています。体は、心が健全に働かない状態が長く続くと、病気になってしまいます。

日本という体は、「引きこもりを生んでしまう病」にかかっています。それは日本人の心に「暗雲」が広がっているからです。

その「暗雲」について、ここまで思いつく限り書いてきました。まずは、日本人の価値観が、個人主義を通り越してバラバラになってしまっていることでした。

そして、次に取り上げたのが、変化が早く、全てがスピード化する心の余裕がない社会です。さらに、縮小していく経済、減っていく人口という未来を予想して、自分の心に気づかぬうちに暗い影を投げかけてしまっているという事でした。

「暗雲」を切り裂くには、日本という体に「美しい血液」を取り戻すより他、方法はないと考えています。そして、その「美しい血液」は、四季を愛し、山や川を愛し、自然の一部として、大地と調和して生きる精神であり、武士道精神であり、そして、無私の天皇をいただく国として、米を大切にし、清く明るく、お互いを家族として支え合う精神です。

それは、取りも直さず日本という国に、「国家理念」を取り戻すための一大事業といえます。

最後に、「日本国憲法」に触れたいと思います。憲法こそが「国家の理念」です。そして、これこそが国民の精神の拠り所、つまり大黒柱です。会社経営をするものは経営理念が、より良い会社を創るために、いかにそれが大切なものかをよく知っています。「理念」は、目には見えるものではありませんが、そこに集うものの「精神」を、「血液」を培《つちか》っていきます。

日本は戦後76年を迎えようとしています。敗戦によって「大日本帝国憲法」は、戦勝国アメリカのGHQが、わずか数日しかかけずに英語で書き上げた「日本国憲法」に替えられました。なぜそうしたのでしょうか？

アメリカは、命を顧みず「零戦《ぜろせん》」に乗り、一丸となって戦った、誇り高き武士の国、日本を恐れたためです。もう2度と強い日本と戦うことがないように、その精神を骨抜きにしなければならなかったのです。そして、アメリカがどうしても壊さなければならなかった、その強い精神力の源が、天照大御神の子孫である天皇を国民の父とし、皇后を国民の母とする「大家族のような心の絆」でした。（伊藤博文らは、それが日本人に備わる自然の感覚だと発見したからこそ、大日本帝国憲法をまとめていくことが出来ました）

それゆえアメリカは、皇室典範を変え、宮家を削って御世嗣《ごせいし》の候補者を減らし、全国津々浦々にある神社に対し、税金を使えないようにしました。古来天皇は、祭事の長として尊崇を集めてきましたので、それは天皇の権威を貶《おとし》めることにつながっていきます。

そしてアメリカの一連の工作の象徴が、「日本国憲法」ともいえます。憲法こそが「国家理念」です。理念はその国の最も大切な精神性を謳《うた》うものです。日本に流れる「血液」を作っていくものです。その最も大切な「精神性」が、他国の占領政策によって「偽物」にすげ替えられたままであり、そして最も恥ずべきことは、日本人自身が75年間ずっと、本来最も大切なものであるはずの理念を、自分の体に取り戻すことから目を背け続けてきていることです。

日本国憲法には、何が書いてあるのでしょうか?

そこには、「自由」と「平等」と「国民の権利」と「平和主義」が書かれています。これらは、白人の国より当然劣り、真の民主主義が根付いていないと決めつけられた敗戦国日本が、受け入れざるを得なかったアメリカ製の理念です。

「自由」は、職業選択の自由、報道の自由などの精神です。「平等」は男女平等などの精神です。そして「権利」は、生存する権利など人権が謳われます。そして、「平和主義」は、「戦勝国（連合国）の公正と信義を信頼して、自国の安全と生存を保とうと考えました。だから軍隊はもう持ちません」という精神性になります。

残念ながら我が国日本は、75年間の歳月をかけて、このような精神を持つ国に、ゆっくりゆっくり落ちていってしまいました。堕落していってしまったのです。

「自由」、「平等」、「権利」という理念は、アメリカやフランスを先駆けとして、王族や貴族や、商売で成功し貴族の仲間入りを果たした後追いの資本家らから、庶民や農民らが、命がけで勝ち取ってきたものです。そして、それは決して悪いものではないと、私も考えています。

しかし、日本人がずっと大切にしてきた精神性はそこにはありません。欧米の理念は、日本人のＤＮＡに眠る本来の精神性にはそぐわないものです。そもそも日本は、もちろん封建的ではありましたが、「自由」や「平等」や「権利」を、王様をギロチンにかけてまで奪い取り、掲げる必要がなかった「維新の国」でした。

日本では、「自由」よりも、「和」を大切にしてきました。個人のことよりも、公のことに思いを寄せることが出来ました。議論を尽くし、みんなにとって何が良いかを見出し、重んじてきました。

しかし昨今、「自由」が浸透し、巷にあふれる「自分さえよければいい」が前面に出たニュースの多さは、公を知らず、恥を忘れた大人のような子供が増えている証拠ではないでしょうか？

日本では、「平等」よりも「公正」を重んじてきました。行き過ぎた「平等」は、運動会で手を繋いでゴールさせるような軟弱な教育を生んでしまいました。日本人は、稽古をさせ、競争をさせ、そして全力を出して負けた者に、拍手を送れる民族だったのではないのですか？　敗れたもの、弱いものをいじめるような卑怯者を許さぬ民族だったのではないのですか？　それが「公正」さです。

日本では、「権利」よりも、「三方良し」や「三方一両損の精神」を大切にしてきました。本来、日本人は、私もいい、あなたにとってもいい、そして世間にとってもいい、ということが直感としてわかり選べる民族です。

いつの間に、どうして日本は、「権利」ばかり主張する愚か者が、はびこってしまう国になってしまったのですか？　義務もはたさず「権利」に依存し、何かに、誰かに、ぶら下がって生きる民族に成り下がってしまったのですか？　柔道や剣道や弓道、つまり武道を「美しい生き方」にまで高めてきた、この国の誇り高い精神を生んだ先人に、いつから足を向けて寝るようになってしまったのですか？

令和の時代に入り、会社を経営していると、「ぜひお願いします」と会社に入ってきても、組織を重んじることなく、自分だけが正しいと思いこんでいる価値観を上に置き、簡単に辞表を出して辞めていくような者が増えるようになりました。

そして社会人のマインドが、「働くこと」は「世の中の役に立つこと」ではなく、「時間の切り売り」へと変わってきています。

辞めるにも礼儀を知らず、周りの迷惑を顧みる事なく自分の都合だけで退職日を選び、どうせ辞めるなら解雇となった方が金銭的に有利だとか、自分にとってだけの損得や「権利」をばかりを追い求め、良心が痛まず、目を瞑って平気でいられるような「自己中」が増え続けています。

「平和主義」がゆっくりと蔓延して、日本人は、いつを境に、強くなろうとすることを止めてしまったのですか？

いつから愛するものを守るため、また正義を貫くために、武器を取り、戦うことが悪いことのように思うような国になってしまったのですか？

日本はいつから「卑怯で、残忍で、ずるい奴ら」に立ち向かわず、頭を下げ、うまく立ち回ることだけを覚えてしまったのでしょうか？

いつを境にして、子供たちに、正義も教えられず、根性を捨てるように促し、登下校時には、挨拶を他人にしてはいけないと教え、上司が、社長が、先生が、指導者が、大人が、幼稚なものに向かって「ならぬものはならぬ」と、大声で言えないような社会を作り上げてしまったのですか？

馬鹿馬鹿しい誤魔化しはもう辞めなくてはいけません。

正しいものは正しいと誰もが言わないから、若者が引きこもるようになったのではないですか？

日本は、「日本国憲法」が謳う精神性そのものに成り下がり、本来の日本人の魂に相応しい血液を少しずつ失ってきてしまったのです。そうであるなら、これから、時間がかかるかもしれませんが、理念である憲法に「日本人のあるべき姿」を謳い、美しくも気高い、ほとばしる血潮を取り戻していけばいいのです。

ヤマトタケルは燃え盛る炎に囲まれながらも、「草薙の剣《くさなぎのつるぎ》」で道をひらき、この日本の命《めい》をつないでいきました。歴史は必ず繰り返します。

今度は、令和に生まれたヤマトタケルらが、そう「あなた」が、草薙の剣を手に取り、日本人の心にのしかかっている八岐大蛇《やまたのおろち》を切り裂き、日本の命をつなぐのです。

日本人は必ず蘇ります。それは主権者である国民一人一人が、祖国の憲法をこの手に取り戻し、我が国にふさわしい血液をその体に取り戻そうと決めた時です。

長く暗い負の経験が、強い光を生み出します。私たちの世代が、「天岩戸《あまのいわと》」を開くのです。それが「令和」に生きる私たちの使命ではないでしょうか?

カウンセリング

私がカウンセリングの仕事を始めて、3年の月日が流れました。この本は、お読みいただければわかると思いますが、日本国を、一人の人間に見立ててカウンセリングしてみようという私の個人的なチャレンジでした。

それは、令和日本の息苦しさの原因を見つけて、そしてこれから日本が向かうべき方角を、抉《えぐ》り出そうとする試みです。

誰でもそうですが、右に行きすぎると、今度は左に偏ります。ちょうど真ん中とはなかなかいきません。なぜなら、どちらにも振れないと、真ん中がわからないからです。

日本は、進化している途中といえます。江戸時代から考えてみるとそれがよくわかります。江戸は、職業の固定する長い封建時代でした。侍は侍、農民は農民、商人は商人です。その時代の主人公は、お殿様であり、徳川家でした。徳川将軍は、人々の自由を拘束して、安定した秩序を保っていました。地方のお殿様も同様です。人々の移動を禁じて、職業を固定して、国の安定を保ちました。

明治時代に入ると、国の主人公が、大日本憲法のもとでの明治天皇になります。そしてそこでは、議会も創設され、貴族や皇族（非公選）と、選挙による議員も脇役として認められていきます。つまり、一部だけですが、民意が反映される段階に入っていきました。

近代日本の誕生です。そこから日本は、大躍進していきます。日清戦争、日露戦争、そして第一次世界大戦を勝ち抜き、世界の列強に肩を並べ、悲願だった「坂の上の雲」をつかみました。ずいぶんと国として成長しました。

しかし、ずっと続けた富国強兵や戦争は、国民のお金の負担を増しました。加えての飢饉による打撃、さらに世界恐慌が、国民の不満を高め、さらに近代日本をよくまとめていた明治の元勲らも去り、難局に対して、日本の舵取りは不安定なものとなっていきます。

それからは、陸軍、海軍共に議会を軽視し、内外でテロ同等の行為を犯し、さらには世論の後押しもあり、中国大陸での身勝手で、無謀ともいえる領土拡張も進めてしまい、ついに世界最強のアメリカとの戦争へと進展。この一連の戦いの最中、日本は、天皇を中心とした挙国一致の全体主義体制を強いてしまいます。

そこではもう個人という存在はありませんでした。国に殉ずることのみが当たり前になりました。つまり、封建社会からさらに進んで「個人のない世界」を体験しました。これ以上振り子は、右に行けないところまで、行きつきました。


敗戦すると、今度は左に振り子は向かいます。

アメリカに敗れ、アメリカが要望する日本国憲法を受け入れ、その歴史上初めて日本は、国民の一人一人が主人公の国となります。民主主義と個人主義の始まりです。そこでは、主人公が将軍でもなく、天皇でもなく、主権者である国民一人一人です。個人には、あらゆる自由が保証されます。

教育勅語を取り上げられ、教育基本法を押しつけられ学んだ戦後の団塊の世代は、「公」よりも「個人」を大事にすることを教わり、家族を作り、子を生んできました。そして私が生まれました。

さらに令和になり、私たちの世代の子供たちがすでに成年を迎えています。封建社会、さらに全体主義にまで振り子は到達し、敗戦を契機に反動が始まり、個人主義、そして令和になりさらに進んで、みんながバラバラで生きている極みに到達しました。

日本が次に向かう場所はどこでしょうか？

もうお分かりですよね。「振り子の真ん中」へ落ち着いていくことが、私たち日本人の歩く道です。「全体主義」と「バラバラ主義」の両サイドの負の経験をしたからこそ、その真ん中のあたりの有り難さがよくわかり、理解できると思うのです。

日本人は自然に学べる希有な民族です。自然界は、全体と個の調和から成り立っています。例えば、木を見ればそれは分かりますね。個である細胞が生き生きと働いて、全体である１本の木も、命を実現できるのです。全体であり、個でもあり、どの細胞も隣の細胞のために一生懸命にはたらいて、全体として美しい生命《ハーモニー》となっていくのです。

憲法は樹液であり、血液です。日本を体に例えるなら、薄めてはいけない、汚してはならない「血液」が流れています。それは「武士道」であり、「無私の天皇を中心とする家族のような心のつながり」であり、「四季を愛する心」です。その血液から日夜、栄養をもらいながら、私たち一人一人の国民は、国を支える細胞の一つとして、自分に与えられた能力を最大に開発し、その個性を発揮し、自己実現していくことに人生を見出していけばいいのです。

自己実現には、他人との競争はありません。障害があろうが、なかろうが関係ありません。早いも遅いもありません。

ただひたすら自分に挑戦することを続けて、自分を輝かせていくだけです。一人が輝けば、それはそばにいる誰かの力や、勇気や、元気や、希望となっていきます。

「夜明け前がいちばん暗い」からこそ、この日本に色濃くかかる「暗雲」の中に、一人一人が生き生きと眩しく輝く、「黄金色《こがねいろ》に輝くジパング」を仰ぎ見ることができるのだと思います。

あとがき

戦いに明け暮れた宮本武蔵が「我が身を浅く思い、世を深く思う」という言葉を残しています。何と凛々しい言葉でしょうか？

武蔵の時代からおよそ４００年が経とうとしていますが、日本では、「侍」が絶滅の危機を迎えています。

侍は、誰にも、何も恃むことはなく、自由な境地を楽しむことができる人です。

そして、武蔵の言葉にあるように、命は守る為にあるのではなく、捨てる為にあることを知る人です。


戦後75年経って、日本は大きく変わってしまいました。敗戦を境に日本人自身が「大切なもの」を見失ってきてしまったからです。

本書では、その「大切なもの」を掘り起こし、本来の日本に還る努力によって「引きこもり」が一人も生まれない地図を描いたつもりです。

読後に、皆さんの前にも、その「地図」がひろがったと思っていただけたのなら本書が世に出る意味もあったのだろうと思います。

日本は、ふたたび「日本」を始めなければいけません。「世直し」です。それには、たくさんの侍が必要です。

松陰の言葉を借りて、あとがきを終えたいと思います。ありがとうございました。

「草莽崛起《そうもうくっき》の人を望む外頼《ほかたのみ》なし」（在野の侍よ、ヤマトタケルらよ、さあ、立ち上がれ）

佐藤　康則（さとう　やすのり）
1974年生まれ。福島県郡山市出身。大学を卒業後、フリーターを経て、平成12年2月に両親の経営する文房具，事務機器販売の会社（(株）ぱるる）へ入社。平成26年8月に代表取締役就任。平成29年5月に内観やカウンセリングを行うために菩耶樹（株）を設立。平成30年1月より、自己実現をお手伝いするためのセミナー「れんの学校」を始める。著書に『瞑想の先』(高木書房)。

連絡先　〒963-0221　福島県郡山市字亀田西63番
TEL(024)952-5512　E - MAIL: yasu@paruru.co.jp
株式会社ぱるる
菩耶樹株式会社
代表取締役　佐藤康則

どん真ん中を歩けば引きこもりは消える
令和のヤマトタケルらに捧げる地図
令和３（2021）年７月21日 第１刷発行

著　者　佐藤 康則
表紙イラスト　高野 晨
発行者　斎藤 信二
発行所　株式会社　高木書房
〒116 - 0013
東京都荒川区西日暮里5 - 14 - 4 - 901
電　話　　０３ - ５６１５ - ２０６２
ＦＡＸ　　０３ - ５６１５ - ２０６４
メール　　syoboutakagi@dolphin.ocn.ne.jp
印刷・製本　株式会社ワコープラネット

 ISBN978-4-88471-466-6 C0037